AF338385

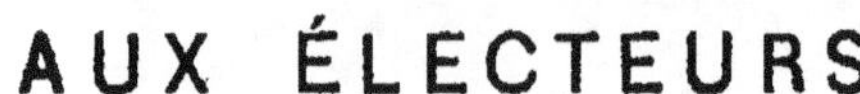

AUX ÉLECTEURS

CE QUE COUTE

LA GLOIRE

PAR

A. DE ROLLAND & ÉMILE RICHARD

PARIS

LIBRAIRIE DE LA RENAISSANCE

Rue de la Vieille-Estrapade, 3

et à **ANGERS**, à la Librairie **LEMESLE**

ET CHEZ TOUS LES LIBRAIRES.

Au moment où les électeurs vont être convoqués pour renouveler le mandat des députés sortants ; où pour faire triompher des candidatures complaisantes plus ou moins compromises, l'administration va se servir de tous les moyens dont elle dispose ; où pour décider les paysans et les ouvriers à voter en faveur des clients du pouvoir, on va, suivant la coutume, faire appel aux souvenirs légendaires du premier empire, les auteurs de cette brochure ont cru utile de montrer d'une façon claire et nette à ceux qui l'ignorent, ce qu'a coûté à la France le règne de Napoléon le Grand.

Sans se servir d'aucune autre preuve que les documents officiels, ils espèrent avoir établi, même pour les esprits les plus prévenus, que cette période de quinze années qui s'écoule du 18 brumaire à Waterloo, loin d'avoir profité à notre pays, lui a coûté le plus pur du sang de ses enfants, son industrie, son commerce.

S'ils sont arrivés à désabuser leur lecteurs des idées fausses que leur ont involontairement inculquées les prôneurs de la glorieuse épopée napoléonienne, ils croiront avoir accompli leur tâche et rendu un grand service à la cause de la démocratie radicale.

CE QUE COUTE
LA GLOIRE

———⊱✶⊰———

I

Situation antérieure au 18 brumaire

En commençant cette brochure nous croyons devoir bien appuyer sur le point suivant :

Dès le 9 thermidor la République française n'existe plus que de nom. Ses meilleurs amis sont morts, ses défenseurs, après s'être décimés les uns les autres, ont fini par succomber sous les coups de la réaction triomphante. De 1794 à 1799 la France est soumise à la direction d'assemblées réactionnaires, incapables de comprendre et de continuer la mission initiatrice de la Convention.

C'est ce qui explique la possibilité du succès du coup de brumaire. Jamais, si le pays avait eu des institutions véritablement démocratiques, cet attentat n'aurait pu réussir. Il lui a fallu la complicité inconsciente de la nation, fatiguée d'un régime d'incapables et de corrompus. Elle a dû bien se repentir depuis de n'avoir point su sacrifier ses rancunes et ses haines à l'intérêt de tous, à la défense de ses principes qui ne subsistaient plus que nominalement, mais qui du moins suffisaient à empêcher les gouvernants de devenir des despotes sans contrôle.

Au reste, la suite de cette brochure démontrera combien fut plus nuisible aux intérêts du pays la tyrannie napoléonienne que la corruption directoriale.

Avant le 18 brumaire la France était régie par un directoire de cinq membres et deux conseils, celui des Cinq Cents et celui des Anciens, directement élus par la nation. Il lui était donc perpétuellement possible, quand elle l'aurait voulu, de rentrer en possession de ses destinées.

En guerre avec l'Europe, elle faisait face à la coalition avec six armées dont le total était seulement de 250,000 hommes. Les conscriptions ne passaient point 60,000 hommes.

La situation financière n'était point prospère, mais allait pourtant s'améliorant d'année en année depuis la liquidation de Ramiel. Le budget passait à peine 500 millions. Il était à peu près couvert par les recettes, du moins le déficit allait en s'affaiblissant chaque année, et l'an 8, à la veille du 18 brumaire, le budget des recettes et celui des dépenses se soldaient en équilibre.

A la même époque il n'y avait point d'autre impôt que l'impôt direct. Le principal de la contribution foncière était de 210,000,000 de francs, le reste des recettes était pris sur la contribution mobilière, les patentes, un droit sur le tabac qui rapportait environ 2,000,000, la culture et la vente restant libre. Enfin quelques droits de douanes et les produits de l'enregistrement.

A cette époque la dette inscrite ne dépassait point un milliard.

Les deux budgets de la guerre et de la marine réunis ne représentaient point plus de 300,000,000 fr.

De plus à la veille du 18 brumaire, le 8 octobre 1799, les conseils avaient supprimé le décime additionnel à la contribution foncière comme trop onéreux pour le revenu national. On voit donc que la situation financière n'était point si désespérée qu'on se plaît à nous la peindre.

—

En 1799 la veille du 18 brumaire, la France s'étendait du Rhin à la Méditerannée ; elle comptait 100 départements, y compris ceux de l'Escaut, des Deux Nethes, de la Meuse Inférieure, de la Dyle, de l'Ourthe, de la Lys, de Jemmappes, de Sambre et Meuse, et des Forêts, composant l'ancienne Belgique, et ceux du Mont Terrible du Leman, et du Mont Blanc, conquis sur la Savoie et la Suisse. Enfin, ceux des Alpes Maritimes, de Golo et de Liamone, empruntés à l'ancien comté de Nice, à la république de Gênes et la Sardaigne. La République Française avait conquis ainsi ses frontières naturelles, rêve et desideratum de toutes les monarchies, que celles-ci n'avaient jamais pu réaliser. Nous verrons plus loin ce que Napoléon avait fait en quinze ans de cette nation alors en possession d'elle-même, et à quoi il l'a réduite.

II

Conscription

Nous l'avons dit plus haut, nous n'avons point l'intention d'écrire une histoire de Napoléon, nous voulons seulement montrer ce que la période de quinze années de 1800 à 1815 a coûté à la France en hommes, en argent, en liberté. Nous allons donc d'abord essayer d'établir combien il y eut d'hommes appelés sous les drapeaux dans cette période.

Il nous sera bien difficile d'établir le chiffre juste de ces levées et de ces conscriptions. Nous ne pouvons constater que celles qui se sont faites légalement, avec l'assistance du Sénat ou du Corps législatif. Mais nous savons aussi, qu'en dehors de ces levées, d'autres ont été faites sans l'observation des formes légales et par simples décrets souvent même non insérés au *Moniteur*.

Enfin, l'empire a dans ses beaux jours traîné, à sa suite sur les champs de bataille, des masses de troupes auxiliaires empruntées soit à l'Allemagne, soit à l'Italie, soit à l'Espagne, et qui, en doublant les effectifs, ne figurent point pourtant dans les chiffres que nous allons donner et qui ne sont applicables qu'à la France.

Pour l'an VIII (1799-1800), nous trouvons comme chiffre des levées faites en vertu de la loi de la conscription : 98,377 hommes

Pour l'an IX et l'an X (1800-1802), le chiffre des conscrits appelés sous les drapeaux, en vertu de la loi du 28 floréal an X, atteint 120,000 hommes, divisés ainsi qu'il suit :

Sur la classe de l'an IX. Réserve : 30,000 hommes.
                 Armée active : 30,000   —
Sur la classe de l'an X. Réserve : 30,000   —
                 Armée active : 30,000   —

L'an XI a vu également 120.000 hommes appelés sous les drapeaux en vertu de la loi du 26 germinal et pris, savoir : 60,000 hommes sur la classe de l'an XI et 60,000 sur la classe de l'an XII.

L'an XII et l'an XIII, 80,000 hommes, formant le contingent annuel, furent appelés sous les drapeaux, soit, pour ces deux années, 160,000 hommes, indépendamment des rappels de classe, qui portent à 260,000 environ le chiffre des recrues pour la période de 1803 à 1805.

Au commencement de l'an XIV (1805) un sénatus-consulte du 23 septembre appela sous les armes 80,000 hommes pris sur la classe de 1806.

L'année 1806, 80,000 hommes furent appelés sur la classe de 1807. Il en fut de même l'année suivante. La France mise en coupe réglée fournissait chaque année au minotaure impérial 80,000 hommes, la fleur de sa jeunesse ; et cela indépendamment des rappels de classes antérieures.

L'année 1808 fut encore plus onéreuse pour la nation. Le 21 janvier, une loi met à la disposition de l'empereur, sur la classe de 1809, 80,000 conscrits. Le 10 septembre de la même année le Corps Législatif accorda à Sa Majesté Impériale 110,000 hommes sur la classe de 1810 et 80,000 sur *les classes déjà libérées*. On le voit, déjà la loi draconienne de la conscription ne suffisait plus. On anticipait sur les ressources à venir, et en même temps, au mépris de toute justice, on reprenait ceux-là même qui croyaient légalement avoir payé leur dette de sang au régime impérial.

L'année 1808 vit ainsi 270,000 hommes, les uns, les plus valides de la nation, d'autres au contraire trop jeunes pour pouvoir supporter les fatigues de la guerre. enlevés à l'industrie, à l'agriculture, au commerce, pour aller arroser de leur sang les plaines de l'Allemagne, où les défilés des montagnes de l'Espagne.

En 1809, 150,000 hommes furent appelés sous les armes. En 1810 et 1811, 80,000 hommes furent pris chaque année.

L'année 1812, date de la plus grande folie de Napoléon, de l'expédition de Russie, les 80,000 hommes de la conscription ne suffirent point. Le 13 mars, afin de pouvoir disposer de toutes ses forces, l'empereur obtint du sénat, un senatus consulte décidant l'enrôlement général de tous les Français valides, divisés en trois bans.

Le premier ban comprenant les hommes de vingt à vingt-cinq ans, non appelés à l'activité par la loi de la conscription ; le second tous les hommes valides de vingt-six à quarante ans, enfin l'arrière ban comprenant tous les hommes de quarante à soixante ans en état de porter les armes. Ces bans étaient chargés de la défense des places fortes, et de l'intérieur de l'empire.

Mais le temps des désastres est arrivé. De l'immense armée de Russie, il ne reste presque rien, tout est à refaire. Il faut recomposer une nouvelle armée. L'année 1813 est chargée de fournir la chair à canon nécessaire aux grands desseins à venir du vaincu de Moscou, du fuyard du Niemen,

Le 11 janvier le Sénat, toujours prêt à voter suivant les ordres de son souverain maître, lui accorde d'abord 100 cohortes du premier ban de la garde nationale comprenant environ 100,000 hommes ; 100,000 hommes également à prendre sur les restes des conscriptions des années 1809, 1810, 1811, 1812 ; enfin 150,000 hommes sur la conscription de 1814. Il faut y ajouter les 80.000 hommes du contingent de 1813.

Le 5 avril, le Sénat permet à l'empereur d'enrôler sous le nom de gardes d'honneur, 10,000 conscrits appartenant aux classes bourgeoises et qui s'étaient déjà rachetés deux ou trois fois.

Il accorde également la mise en activité de 90,000 hommes de garde nationale destinés à la défense des côtes.

Le 22 août, 30,000 hommes sont accordés pour l'armée d'Espagne.

Le 9 octobre, 120,000 hommes sont pris sur les conscriptions de 1814 et antérieures 160,000 hommes composant la classe de 1815 sont appelés sous les drapeaux.

Enfin, le 15 novembre, un décret rappelle à l'activité tous les hommes valides des classes de l'an XI jusqu'à 1814, soit environ 300,000 hommes.

Si l'on ajoute à ces chiffres 17,000 cavaliers équipés, offerts par les départements, on verra que pour la seule année 1813, le nombre des hommes appelés sous les drapeaux s'élève au chiffre incroyable de 1,157,000 hommes. UN MILLION, CENT CINQUANTE-SEPT MILLE soldats.

A partir de cette époque, il nous est bien difficile d'établir exactement le chiffre des soldats qui prirent part à la campagne de France. Néanmoins, les levées en masse organisées de l'année 1814 peuvent être évaluées à environ 143,000 hommes. Et cela indépendamment des volontaires isolés ou nos enregimentés qui prirent part à la défense du territoire national, et qu'on peut au plus bas chiffre évaluer à 250,000 hommes.

Si l'on ajoute à ce chiffre 204 bataillons de garde nationale appelés à l'activité le 10 avril 1815 pour la défense des places frontières, et formant un effectif de 146,880 hommes, on aura le chiffre approximatif des hommes empruntés à la nation par Napoléon Ier pour servir ses desseins ambitieux.

Si maintenant nous faisons le total des chiffres dont nous venons de donner le détail, nous arrivons à 3,064,000, TROIS MILLIONS, SOIXANTE-QUATRE MILLE HOMMES appelés sous les drapeaux en quinze années, plus de 200,000 hommes année moyenne ! et cela suivant les appréciations les plus modérées.

Plus de TROIS MILLIONS d'hommes, les plus jeunes, les plus vigoureux, les plus actifs enlevés à l'industrie et à l'agriculture en quinze ans ! Et de ceux-là combien ne sont pas revenus, combien sont restés sur les champs de bataille ! C'est ce que nous verrons dans le chapitre suivant.

De pareilles levées ne pouvaient se faire sans amener une rapide décroissance dans la population de notre pays. Aussi, suivant un écrivain qui n'est point suspect aux partisans du régime imperial, M Ch. Dupin, la population de la France avait diminué de QUATRE MILLIONS (4,000,000) d'habitants de 1800 à 1814!

Voilà à quoi sert la gloire.

III

La chair à canon

Nous venons de voir combien Napoléon avait à l'aide de la conscription enlevé d'hommes jeunes et valides à notre pays. Nous allons maintenant essayer de calculer, non point d'une façon mathématiquement exacte, les statistiques loyales et réelles des pertes en hommes dans les batailles n'existant nulle part, mais approximativement, combien de ces trois millions de soldats ont revu leurs foyers.

Les historiens ont en parlant de ces assassinats en masse, qu'on appelle les batailles un procédé de description très-littéraire, très-dramatique à coup sûr, mais qui a le malheureux résultat de poétiser les crimes des conquérants, et de dissimuler aux yeux des lecteurs ce qu'il y a d'odieux, d'inhumain, d'anti-naturel dans ces duels légaux. Après avoir tracé d'une main complaisante le tableau de ces masses d'hommes se heurtant, s'entrechoquant, se précipitant ivres de sang les uns sur les autres, au son des instruments guerriers ; après avoir décrit les actes de courage. d'intelligence, d'héroïsme des chefs et des soldats ; quand ils ont donné la nomenclature exacte des canons, des drapeaux, des prisonniers enlevés à l'ennemi, les peintres de batailles inscrivent dans un petit coin le nombre des victimes, les pertes de l'armée nationale. Et au milieu du fracas des armes, des chants de triomphe, les morts, les blessés passent aux profits et pertes ; sans que beaucoup d'autres que les mères attendant un fils qui ne reviendra jamais, les vieux parents plongés dans la misère par la perte de celui qui était l'unique appui de leur faiblesse, se soucient de quelques centaines de morts ou quelques milliers de blessés.

Nous avons l'intention, au contraire, afin de bien faire voir ce que vaut la gloire, de dépouiller de ses oripeaux de théâtre, de ses guenilles dorées, le génie des batailles, et d'essayer de montrer à nu, crûment, les hideurs de cette folie ambitieuse.

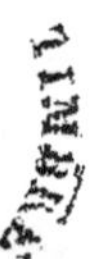

A d'autres les récits pompeux, les dithyrambes entonnés en l'honneur du patriotisme étroit et imbécile qui consiste à considérer comme un ennemi celui-là qui habite de l'autre côté du Rhin ou des Pyrénées. A nous le soin de compter les morts, de noter les blessés ; de constater combien d'hommes jeunes et valides sont restés épuisés sur les routes, ou sont tombés sous le couteau des vengeurs de la liberté des peuples ; et cela pour le fol orgueil d'un homme que ses courtisans ont nommé le Grand.

Il est impossible, avons-nous dit, d'évaluer exactement le chiffre des victimes de l'Empire. C'est qu'en effet, en dehors des bulletins de la grande armée, nécessairement suspects quant aux pertes éprouvées par nous, nous n'avons surtout pour les premières années du règne de Napoléon, celles qui vont de 1804 à 1812, aucun autre moyen de savoir quel a été le nombre réel des morts ou des blessés sur les champs de bataille de l'Empire. Les chiffres que nous donnerons seront donc forcément exagérés, *en moins*.

Nous n'allons point ici prendre une à une les batailles de l'empire, le temps et l'espace nous manqueraient. Nous allons seulement essayer d'évaluer en bloc le nombre des hommes mis hors de combat de 1800 à 1804.

La bataille de Marengo, le premier fleuron de la couronne de Napoléon Ier, fleuron enlevé à la gloire de Desaix le véritable vainqueur de cette journée, nous a coûté au moins 6 00 morts et blessés

L'expédition de St-Domingue, qui aboutit à la perte de cette colonie, nous a également été bien chère. 50,000 soldats d'élite sont morts de maladies, de fatigues, d'épuisement ou sur les champs de bataille de cette antique colonie française, que l'intelligence du premier Consul n'a point su nous conserver.

Dans la campagne d'Allemagne (1806-1807), nous avons laissé sur les champs de bataille d'Iéna, d'Armstadt, d'Eylau, d'Heilsberg et de Friedland, suivant les appréciations les moins exagérées, environ 50,000 hommes. Et cela indépendamment des petits engagements de tous les jours, qui en détail, nous ont au moins autant fait de victimes.

La guerre d'Espagne qui a duré six ans, de 1808 à 1813, dévora quatre puissantes armées, sans autre résultat que l'évacuation totale de la péninsule, rendue fatale après la bataille de Vittoria (21 juin 1815). On ne nous accusera point d'exagération en évaluant à 200,000 hommes, ce qu'a coûté à la France cette idée napoléonienne.

La guerre de Portugal, qui avait également eu pour résultat la perte de ce royaume, après trois ans de guerre, nous a coûté au moins 15,000 hommes.

Nous laissâmes en 1809, sur le champ de bataille d'Esling et de Wagram 10,000 morts et 25,000 blessés.

Nous voici arrivés à l'époque vraiment désastreuse pour la France du règne de Napoléon, à l'expédition de Russie. Cette gigantesque folie, qui fut le commencement de la chute de Bonaparte, et la source des malheurs qui devaient fondre sans relâche sur nos armées pendant trois années de guerre, sans trève ni merci, nous allons voir ce qu'elle nous a coûté.

Au départ le 9 mai, la grande armée comptait 480,000 combattants, dont 340,000 Français, elle était reduite le 24 juin au passage du Niemen à 427,000 hommes. Les fatigues, les privations, la marche trop précipitée nous avaient coûté déjà, sans combats 53,000 soldats, morts sur les routes ou dispersés dans les hôpitaux.

Au passage de la Dwina, les maladies et les mauvaises mesures d'approvisionnement, l'avaient réduite à 325,900. Donc déjà 101,100 hommes avaient succombés ou restaient en arrière malades. Nous pouvons dire de suite que, grâce à la déplorable organisation médicale de la grande armée, une bonne moitié des malades a succombé.

Le 19 août, 160,000 hommes partaient de Smolensk. Le 1er septembre à Ojatsk, 40,000 manquaient à l'appel, 5,000 au plus avaient été tués par l'ennemi. La maladie, la désertion, l'épuisement avaient fait le reste.

40,000 hommes perdus en 14 jours! Et la campagne de Russie ne fait que commencer.

Le 7 septembre, la grande armée atteint enfin l'armée russe. La terrible bataille de la Moskowa s'engage, 9,000 morts, 15,000 blessés, suivant Napoléon, restent sur le champ de bataille, La perte totale des deux armées est évaluée à 111,000 hommes par les historiens russes, à 82,000 par Larrey Les Russes avouent une perte de 50,000 hommes, mais ils affirment que la nôtre fut au moins égale.

Nous ne décrivons point l'incendie de Moscou; ni cette terrible retraite au milieu des steppes glacés de la Russie, où hommes et chevaux mouraient par milliers de faim et de froid. Disons de suite que la campagne de 1812 coûtait à la France 400,000 de ses enfants, morts soit sur les champs de bataille, soit de maladies, d'épuisement, d'inanition, ou prisonniers de guerre. 213,000 de ces derniers, suivant les Russes, tombèrent en leur pouvoir. 80,000 à peine sont revenus.

Est-ce assez de sang ? Non, l'ambition de Bonaparte n'est point satisfaite. L'Europe entière accable nos armées. Les combats de Lutzen, de Bautzen, de Dresde, de Katzbach, de Tœplich, nous coûtent près de 100,000 hommes, tués ou blessés. En même temps le typhus désole les hôpitaux ; les malades meurent par milliers.

La bataille de Leipzig, la dernière grande boucherie de cette longue période, nous coûte encore 25,000 hommes. La gloire napoléonienne est finie. La France va être envahie. Les alliés passent le Rhin et entrent en Alsace et en Lorraine.

Ici, il nous est naturellement impossible d'évaluer, même approximativement, les pertes de nos armées. Nous connaissons certains faits particuliers, comme le combat de Fère-Champenoise, où 10,000 gardes nationaux se font tuer après une lutte de toute une journée, mais la résistance est si dispersée, que nous ne pouvons savoir combien de sang nous a coûté l'invasion de 1814.

Terminons en constatant que la bataille de Waterloo ce dernier et suprême effort de Napoléon, pour ressaisir la couronne tombée de sa tête, nous a coûté 25,000 soldats.

Et maintenant veut-on savoir le total des pertes éprouvées en quinze années, de 1800 à 1815, par la France sur les champs de bataille, dans les hôpitaux, dans les déserts de la Sibérie ! Laissons parler M. Ch. Dupin (1).

« De 1803 à 1805, douze campagnes nous ont coûté UN MILLION d'hommes morts sur les champs de bataille ou dans les prisons, ou sur les grandes routes ou dans les hôpitaux. »

UN MILLION d'hommes voilà ce que l'Empire a coûté à la France ! Et si l'on songe que TROIS MILLIONS de soldats à peu près ont été appelés à la même époque sous le drapeau, on arrive pour nos pertes à la proportion suivante : UN SUR TROIS !

Si, laissant de côté tout faux patriotisme, on cherche ce qu'a coûté l'empire non-seulement à la France mais à l'Europe toute entière on arrive au chiffre formidable de CINQ MILLIONS d'hommes tués pour l'ambition d'un individu.

Après avoir vu ce que la guerre a dévoré d'hommes à la France, il importe d'évaluer combien a coûté ce minotaure aux finances nationales, c'est ce que nous allons faire maintenant.

---

(1) Forces productives de la France. T. 1er. Introduction, iij.

Nous n'allons point entrer dans le détail des chiffres ; examiner les budgets les uns après les autres ; nous allons seulement donner le tableau des dépenses de la guerre et de la marine, depuis l'année 1800 jusqu'en 1814.

1800	Ministère de la guerre,	300,000,000
	Ministère de la marine,	183,668,968
1801	Ministère de la guerre,	208,500,000
	Ministère de la marine,	80,000,000
	Indemnités payées par les pays occupées par les armées françaises	87,000,000
1802	Guerre et marine,	315,000,000
1803	— —	400,000,000
1804	Ministère de la guerre,	809,000,000
1805	Ministère de la marine,	440,000,000
1806	Ministère de la guerre,	434,072,000
	Ministère de la marine,	149,119,000
1807	Ministère de la guerre,	195,895,000
	Minist. de l'adm. de la guerre,	147,654,000
	Ministère de la marine,	117,307,000
	Contrib. de guerre de la Prusse,	27,000,000
1808	Ministère de la guerre,	211,400,000
	— de l'adm. de la guerre,	166,928,000
	— de la marine,	113,571,000
1809	Ministère de la guerre,	216,875,000
	— de l'adm. de la guerre,	181,411,000
	— de la marine,	111,475,000
1810	Ministère de la guerre,	241,909,000
	— administration de la guerre,	137,155,000
	— de la marine,	120,828,000
1811	Ministère de la guerre,	500,496,000
	— administration de la guerre,	205,600,000
	— de la marine,	157,000,000
1812	Ministère de la guerre,	320,000,000
	— administration de la guerre,	258,000,000
	— de la marine,	164,000,000
1813	Ministère de la guerre,	342,000,000
	— administration de la guerre,	351,000,000
	— de la marine,	143,000,000
1814	Ministère de la guerre,	500,000,000
	— administration de la guerre,	380,000,000
	— de la marine,	140,000,000

Total pour les années 1800-1814, 8,507,863,968

Ainsi, pour une période de 14 ans, les sommes inscrites au budget pour les dépenses de la guerre et de la marine dépassaient HUIT MILLIARDS CINQ CENT MILLIONS.

Mais cette somme représente seulement une portion des dépenses de la guerre pendant le premier empire. Disons d'abord qu'il nous est impossible de faire entrer en ligne de compte les sommes énormes prélevées sur les pays conquis et dont nous n'avons aucune trace; ces sommes ne figurant sur aucune comptabilité. C'est avec ces fonds que l'empereur récompensait les dévouements de ses officiers, de ses généraux, et pour donner une idée de ce qu'elles pouvaient être, rappelons que dans le *Mémorial de Sainte-Hélène*, Napoléon déclare avoir eu dans les caves des Tuileries quatre cents millions en or, dont il n'y avait d'autre trace qu'un petit livre entre les mains du garde de la Trésorerie.

Peut-être un jour, alors que les peuples qui ont payé ces contributions auront relevé ce que leur a coûté les guerres du premier empire, saurons-nous combien de fonds ont passé entre les mains des hauts dignitaires de la cour impériale. Espérons que cette lumière se fera le plus tôt possible.

En attendant il est possible de constater à peu près ce que l'empire a coûté à la France. Aux sommes déjà annoncées il nous faut ajouter d'abord 250,000,000 de matériel de guerre détruit pendant la guerre de 1812. Il convient également d'y joindre les pertes de matériel éprouvées par la marine pendant la période de 1800-1814.

Ces pertes, d'après le rapport présenté par M. de Montesquiou aux chambres peuvent s'évaluer à 43 vaisseaux, 82 frégates, 76 corvettes et bricks, et 62 bâtiments de transports ou avisos représentant une valeur d'au moins 200 millions de francs.

Nous pouvons également ajouter à ces chiffres une somme d'environ 15 millions de francs payée par les départements ou les villes, soit pour la dépense des gardes d'honneur, soit pour celles des offres de cavaliers montés.

Il nous faut en même temps faire entrer en ligne de compte la perte de 280,000 chevaux faite depuis le 1er janvier 1812, et représentant environ 105,200,000 francs.

Et maintenant si nous croyons en avoir fini avec les frais de l'empire nous nous trompons grandement.

De 1801 à 1814, la dette publique avait augmenté de 1,645,469,000 f., PLUS D'UN MILLIARD ET DEMI.

Si maintenant pour finir, nous ajoutons avec M. Dupin, ce qu'a coûté l'invasion étrangère, nous allons voir à quelle somme nous arriverons.

» Deux invasions, dit cet auteur, ont détruit ou consommé sur le sol de notre vieille France pour 1,500 millions de matières premières ou de produits, de maisons, d'ateliers, d'instruments, d'animaux indispensables à l'agriculture, aux fabriques, au commerce. Et pour avoir la paix, au nom de l'alliance, notre patrie s'est vue condamnée à payer 1,500 autres millions, afin d'empêcher qu'elle pût trop tôt reprendre le bien-être, la splendeur et la force. »

Si nous ajoutons encore à ces dépenses le milliard d'indemnité aux émigrés que la France a dû payer pour prix de la restauration de l'ancien régime, restauration qui n'aurait jamais été possible sans les aventureuses expéditions où Napoléon a englouti le plus pur du sang et de l'or de la France, nous arrivons au total de QUINZE MILLIARDS, enlevés à l'industrie productive et perdus pour jamais.

IV

Industrie et commerce

Ce que les guerres de l'Empire ont coûté à l'industrie, au commerce, à l'agriculture française, on ne le saura jamais. Par le blocus continental, par les conscriptions sans cesse répétées, Napoléon avait réduit la France à un état de ruine industrielle dont nous ne pouvons avoir une idée aujourd'hui.

Nous allons seulement essayer de montrer combien le régime napoléonien a été onéreux pour les contribuables, pour les communes, pour les départements.

Les départements avaient été amenés terme moyen à payer pour les routes, prisons canaux, casernes, frais d'administration services que l'Etat aurait dû partager avec eux mais dont il leur laissait toute la charge, 45 centimes additionnels au principal de la contribution foncière Pour quelques uns de ces départements le chiffre s'était élevé à 62 et jusqu'à 72 centimes additionnels.

Les budgets des communes avaient été surchargés de dépenses attribuées auparavant aux administrations centrales : allocations aux commissaires de police, bâtiments et lits militaires, dépôts de mendicité, etc. Pour y pourvoir elles avaient eu recours à l'octroi, aboli par la République et rétabli par l'Empire. Le montant de cet impôt s'élevant en moyenne à 7 fr. 24 c. par tête d'habitant. Dans quelques villes il a été porté jusqu'à 17 fr. 35 c. par tête.

Si nous passons à la situation industrielle nous voyons que par exemple les fabriques de toile de Laval et de Bretagne étaient presque toutes fermées, depuis la guerre d'Espagne où ce genre d'industrie trouvait auparavant son principal débouché.

La fabrique de Lyon, qui en 1787 avait 15,000 métiers en activité, n'en avait plus que 8,000 en 1813.

Pour donner une idée de ce que pouvait être la situation faite aux consommateurs français par le blocus continental, nous allons donner les tarifs de douane prélevés sur quelques matières d'importation étrangère pendant cette période,

En 1810, les cotons du Brésil, de Cayenne, de Démérari, longue soie, payaient par quintal métrique 800 fr. de droits. Les cotons du Levant, arrivant par mer : 400 fr. Les cotons de tout autre pays : 600 fr. Le sucre brut : 300 fr. Le sucre brut et terré : 400 fr. Le thé hymin : 900 fr. Le thé vert : 600 fr. Le café : 400 fr. L'indigo : 900 fr. Le cacao : 1,000 fr. La cochenille : 2,000 fr. Le poivre blanc . 600 fr. Le poivre noir : 400 fr. La canelle ordinaire : 1,200 fr. La canelle fine : 2,000 fr. Les clous de girofle : 600 fr. La muscade : 2,000 fr. Le bois d'acajou : 50 fr. Le bois de Fernambouc : 120 fr. Le Campèche : 80 fr. Le bois de teinture moulu : 100 fr.

Enfin, et pour bien montrer qu'elle était l'aisance de la vie sous l'empire, on payait en 1812, l'hectolitre de blé 52 fr.

Ce chiffre seul est la condamnation du régime impérial.

Et, comme la situation intellectuelle d'un pays est toujours en harmonie avec son état de prospérité matérielle, la librairie française, qui en 1812 publiait 72,080,642 feuilles d'impression, n'en imprimait plus deux ans après, en 1814, que 45,675,039.

V

Ici finit la tâche que nous nous étions imposée. Que maintenant le lecteur se rappelle les chiffres que nous avons mis sous ses yeux, qu'il juge et qu'il prononce en toute impartialité son verdict.

Quinze années de gloire ont coûté à la France toutes ses libertés politiques. L'agriculture ruinée, l'industrie presque anéantie, le commerce rendu impossible. La dette publique augmentée de plus d'UN MILLIARD ET DEMI. La population diminuée de 4,000,000 habitants. La France ayant perdu ses limites naturelles, amoindrie, plus petite encore qu'en 1789 avant la Révolution. La liberté religieuse détruite par le Concordat. Voilà, indépendamment de la décadence morale de l'esprit public, ce qu'avait donné l'Empire à la France. Voilà les véritables titres du chef de la dynastie napoléonienne.

QUINZE MILLIARDS enlevés au pays et dépensés en folles aventures, UN MILLION de Français, CINQ MILLIONS d'hommes morts de maladie ou sur les champs de bataille, voilà ce que coûte un grand règne.

Et quand nous passerons sur la place Vendôme, que nous verrons la colonne élevée à la gloire de l'empereur, nous nous demanderons pourquoi on ne dédie point de semblables monuments à ces fléaux encore plus meurtriers et plus désastreux pour les peuples que Napoléon le Grand.

LE MOINS CHER

DES JOURNAUX HEBDOMADAIRES

LE

Réveil de l'Ouest

JOURNAL

HEBDOMADAIRE, POLITIQUE, COMMERCIAL

ET LITTÉRAIRE

Se publiant à Angers, chez M. J. LEMESLE, Imprimeur-Libraire

Place Saint-Martin, 1

RÉDACTEUR EN CHEF-GÉRANT : A. DE ROLLAND

PRIX D'ABONNEMENT :

Un an. . . . . **6 fr.**
Six mois. **3**

LE NUMÉRO : 10 CENTIMES